τὰ πρῶτα ἰχνη

The First Steps to Learning Koine Greek

τὰ πρῶτα ἴχνη

The First Steps to Learning Koine Greek

T. Michael W. Halcomb

GlossaHouse
Wilmore, KY
www.GlossaHouse.com

τὰ πρῶτα ἴχνη
The First Steps to Learning Koine Greek

GlossaHouse, LLC
110 Callis Circle
Wilmore, KY 40390

The First Steps to Learning Koine Greek

p. cm. — AGROS Series
ISBN-13: 978-0692311349
ISBN-10: 0692311343

Cover Design by T. Michael W. Halcomb
Book Design by T. Michael W. Halcomb

To the Shafovaloff Family:
στήκετε καὶ κρατεῖτε τὰς γράφας.

AGROS

Accessible Greek Resources and Online Studies

SERIES EDITORS
T. Michael W. Halcomb
Fredrick J. Long

AGROS EDITORIAL BOARD
Chad M. Foster
Fredrick J. Long
T. Michael W. Halcomb

AGROS

The Greek word ἀγρός is a field where seeds are planted and growth occurs. It can also denote a small village or community that forms around such a field. The type of community envisioned here is one that attends to Holy Scripture, particularly one that encourages the use of biblical Greek. Accessible Greek Resources and Online Studies (AGROS) is a tiered curriculum suite featuring innovative readers, grammars, specialized studies, and other exegetical resources to encourage and foster the exegetical use of biblical Greek. The goal of AGROS is to facilitate the creation and publication of innovative and inexpensive print and digital resources for the exposition of Scripture within the context of the global church. The AGROS curriculum includes five tiers, and each tier is indicated on the book's cover: Tier 1 (Beginning I), Tier 2 (Beginning II), Tier 3 (Intermediate I), Tier 4 (Intermediate II), and Tier 5 (Advanced). There are also two resource tracks: Conversational and Translational. Both involve intensive study of morphology, grammar, syntax, and discourse features. The conversational track specifically values the spoken word, and the enhanced learning associated with speaking a language in actual conversation. The translational track values the written word, and encourages analytical study to aide in understanding and translating biblical Greek and other Greek literature. The two resource tracks complement one another and can be pursued independently or together.

πίναξ
Table of Contents

ὁ συγγραφεύς
the author

Dr. T. Michael W. Halcomb

ὁ Μιχαὴλ Ἀλκὼμ ὁ θεμελιωτὴς τοῦ Conversational Koine Institute ἔστιν. εἰς τὴν ἐξηγήσεις τῶν γραφῶν τέσσαρα ματρύρια ἔχει. Μιχαὴλ πολλὰ βιβλία γέγραφε.

Michael Halcomb is the founder of the Conversational Koine Institute. He holds four degrees in biblical studies (B.S., M.Div., M.A.B.S., Ph.D.) Michael has written many books.

Εἰσαγογή
Introduction

This book exists to help students begin learning Koine Greek. It has been designed with young learners in mind, but also assumes that one or more adults will assist students as they make their way through the workbook. In that sense, this resource may be beneficial for adults, too.

One thing that makes this work unique is that it attempts to stay in the target language (i.e. Koine Greek), as much as possible. Titles, directions, and exercises are given in Greek. Throughout, however, there are English glosses (i.e. definitions) at the foot of pages where new words are used. In addition, the glosses are compiled at the end of each section in a vocabulary list (pg. 6). There are also two master lists (pp. 31-33, 64) as well as a reverse glossary (English to Greek, 65-69).

In sum there are over 60 lessons in this workbook. Lessons are essentially put into groups of six, and it is suggested that they be used over the course of 10 weeks. If used in this manner, learners will work on one lesson per day Monday through Friday, and review vocabulary on Saturday. Parents, students, or instructors may, of course, utilize the book in whatever way they find most useful.

Along with the glosses appearing in page footers and vocabulary lists, there are also helpful English notes in various places throughout the workbook. For those pages containing exercises where answers may need to be checked there is an answer key at the back of the book (pg. 70). Finally, those making use of this book should also know that there are companion videos available for purchase. There is one video per exercise. These videos will give help in understanding the drills, pronunciation, and more. Links to purchase the companion videos can be found at GlossaHouse.com or ConversationalKoine.com.

Ultimately, my hope is that those who use this book would be enlightened and edified. I would love to see young learners all over the world using this resource as they take their first steps into Koine Greek. This book, in fact, was born out of teaching Greek to the Shafovaloff family, to whom this book is dedicated, in the late summer/early fall of 2014. I would like to thank Aaron and Stacy for not only joining me in that process but also for allowing me to work with their wonderful children, John and Lydia. Hopefully Hannah will get to join us in the future! I also want to thank them for letting me use their names in some of the exercises included here.

I must also express thanks to a group of friends who previewed this book and whose helpful eyes prevented a number of mistakes from making it into print: Fred Long, Casey Lute, Seumas MacDonald, Bill McIlwain, Mel Sanford, and Robert Smith. As the saying goes, "Any errors remaining are mine." Thanks also to GlossaHouse for not only considering and accepting this work for publication but continuing to innovate in the field of language resources. May this book spark a love for Greek in every young learner who finds it. May it be!

T. Michael W. Halcomb
Fall, 2014

ὀνόματα

γράψον τὰ ὀνόματα ἐπὶ τὴν γραμμήν.

Ἀαρών, ΑΑΡΩΝ
_____

_____

Ἰωάννης, ΙΩΑΝΝΗΣ
_____

_____

Ἀναστασία, ΑΝΑΣΤΑΣΙΑ
_____

_____

Λυδία, ΛΥΔΙΑ
_____

_____

*Note that the names are in the "vocative" case here, that is, the case of address.

Νῦν, λέξον "Χαῖρε" ἀλλήλοις.

- χαῖρε, Ἀαρών.   - χαῖρε, Ἀναστασία.
  - χαῖρε, Ἰωάννη.   - χαῖρε, Λυδία.

ὀνόματα - *Names* | γράψον - *Write!* | τὰ - *The (pl.)* | ἐπὶ τὴν γραμμήν - *On the line*
Νῦν - *Now* | λέξον - *Say!* | Χαῖρε - *Hello! (sg.)* | ἀλλήλοις - *To each other (pl.)*

Γράμματα

γράψον τὰ γράμματα ἐπὶ τὴν γραμμήν.

 ἄλφα

Greek: A, α (ἄλ-φα)
English: A, a (ahl-fah)
Pronunciation: ah

A _____
α _____
A, α _____

  βῆτα

Greek: B, β (βῆ-τα)
English: V, v (vay-tah)
Pronunciation: v

B _____
β _____
B, β _____

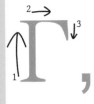 γάμμα

Greek: Γ, γ (γάμ-μα)
English: G v (gham-mah)
Pronunciation: gh or y
"y" only before ε, ι, or ει

Γ _____
γ _____
Γ, γ _____

τὰ γράμματα - The letters

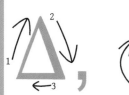

δέλτα

Greek: Δ, δ (δέλ-τα)
English: Th, th (thel-tah)
Pronunciation: th

Note: This "th" is pronounced like the "th" in the word "they".

Δ _____

δ _____

Δ, δ _____

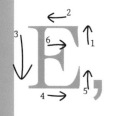

ἐῖ

Greek: E, ϵ (ἐῖ)
English: E, e (ee Or: eh-psee-lown)
Pronunciation: eh

E _____

ϵ _____

E, ϵ _____

Αα, Ββ, Γγ, Δδ, Εϵ

Α, Β, Γ, Δ, Ε _____

α, β, γ, δ, ϵ _____

νῦν, λέξον τὰ γράμματα.

Τίνα τὰ στοιχεῖα;

ἀνάστη τοὺς ἀριθμοὺς καὶ τὰ στοιχεῖα.

1 → ehn / neh

2 → thah-roh / theew-oh

3 → tree-ah / treep

4 → tehs-toh / tehs-sah-rah

1 2 3 4

ἕν   δύο   τρία   τέσσαρα

Νῦν, λέξον τοὺς ἀριθμούς.

τίνα - *What? (pl.)* | τὰ στοιχεῖα - *The sounds* | ἀνάστη - *Match* | τοὺς ἀριθμούς - *The numbers* | καί- *And*
ἕν - *One* | δύο - *Two* | τρία - *Three* | τέσσαρα - *Four*

τὸ κυνάριον

ἀναζωγράφησον
τὴν εἰκόνα.

μετάγραψον τὸ ῥῆμα.

τὸ κυνάριόν ἐστιν.

_____

μεθερμήνευσον τὸ ῥῆμα.

ἓν καλὸν κυνάριόν ἐστιν.

_____

τὸ κυνάριον - *The dog* | ἀναζωγράφησον - *Color!* | τὴν εἰκόνα - *The picture* | μετάγραψον - *Rewrite*
τὸ ῥῆμα - *The sentence, word* | ἔστιν - *Is (he, she, it)* | μεθερμήνευσον - *Translate!*

ὁ κατάλογος τῶν λέξεων

Ἀαρών, ὁ - Aaron
ἀλληλοίς (ἀλλήλων) - To each other
ἄλφα, τό - Alpha
ἀναζωγράφησον (ἀναζωγραφέω) - Color!
Ἀναστασία, ἡ - Anastasia (Stacy)
ἀνάστη (ἀνίστημι) - Match!
ἀριθμούς (ὁ ἀριθμός) - Number
βῆτα, τό - Beta (Veta)
γάμμα, τό - Gamma
γράμματα (γράμμα, τό) - Letters
γραμμήν (γραμμή, ἡ) - Line
γράψον (γράφω) - Write!
δέλτα, τό - Delta (Thelta)
δύο - Two
εἶ, τό - Epsilon
εἰκόνα (εἰκών, ἡ) - Picture
ἕν (εἷς, μία) - One
ἐπί - On, upon
ἔστιν (εἰμί) - Is/be
ἴχνοι (ἴχνος, ὁ) - Steps
Ἰωάννης, ὁ - John
καί - And
καλόν (καλός, ή, όν) - Good
κατάλογος, ὁ - List, catalogue
κυνάριον, τό - Puppy, little dog
λέξεων (λέξις, ἡ) - Vocabulary Words
λέξον (λέγω) - Say!
Λυδία, ἡ - Lydia
μεθερμήνευσον (μεθερμηνεύω) - Translate!
μετάγραψον (μεταγράφω) - Rewrite!

νῦν - Now
οἱ (ὁ) - The
ὀνόματα (ὄνομα, τό) - Names
πρῶτοι (πρῶτος) - First
ῥήμα, τό - Sentence
στοιχεῖα (στοιχεῖον, τό) - Sounds
τά (ὁ) - The
τέσσαρα (τέσσαρες) - Four
τήν (ὁ) - The
τίνα (τίς) - What?
τό (ὁ) - The
τούς (ὁ) - The
τρία (τρεῖς) - Three
τῶν (ὁ) - The
χαῖρε (χαίρω) - Hello, hi

*Note: With regard to nouns and verbs, the words in parentheses following Greek, represent the dictionary form. Conjunctions and adverbs do not have parentheses following them. If there are parentheses following English words, these approximate how the word sounds when spoken. For example: δέλτα, τό - Delta (Thelta).

Γράμματα

γράψον τὰ γράμματα ἐπὶ τὴν γραμμήν.

ζῆτα

Greek: Z, ζ (ζῆ-τα)
English: Z, z (zay-tah)
Pronunciation: z

Z _____

ζ _____

Z, ζ _____

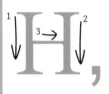

ἦτα

Greek: H, η (ῆ-τα)
English: Ay, ay (ay-tah)
Pronunciation: ay

H _____

η _____

H, η _____

θῆτα

Greek: Θ, θ (θῆ-τα)
English: Th, th (thay-tah)
Pronunciation: th

*Note: This "th" is pronounced like the "th" in the word "think".

Θ _____

θ _____

Θ, θ _____

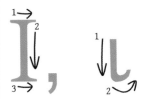 ἰῶτα

Greek: Ι, ι (ἰῶ-τα)
English: I, i (yoh-tah)
Pronunciation: ee Or: y

*Note: This letter is often prounced with a "y" sound at the beginning of words, especially names. Within a word, however, it is usually pronounced with the "ee" sound.

I _____

ι _____

I, ι _____

 κάππα

Greek: Κ, κ (κάπ-πα)
English: K, k (Kahp-pah)
Pronunciation: K

Κ _____

κ _____

Κ, κ _____

Ζζ, Ηη, Θθ, Ιι, Κκ

Ζ, Η, Θ, Ι, Κ _____
ζ, η, θ, ι, κ _____

Νῦν, λέξον τὰ γράμματα.

παιγνία ἀριθμῶν

ἀνάστη τοὺς ἀριθμοὺς καὶ τὰ στοιχεῖα.

5	6	7	8	9
πέντε	ἕξ	ἑπτά	ὀκτώ	ἐννέα

pehn-day

oak-tow   ehks

ehp-tah   ehn-nay-ah

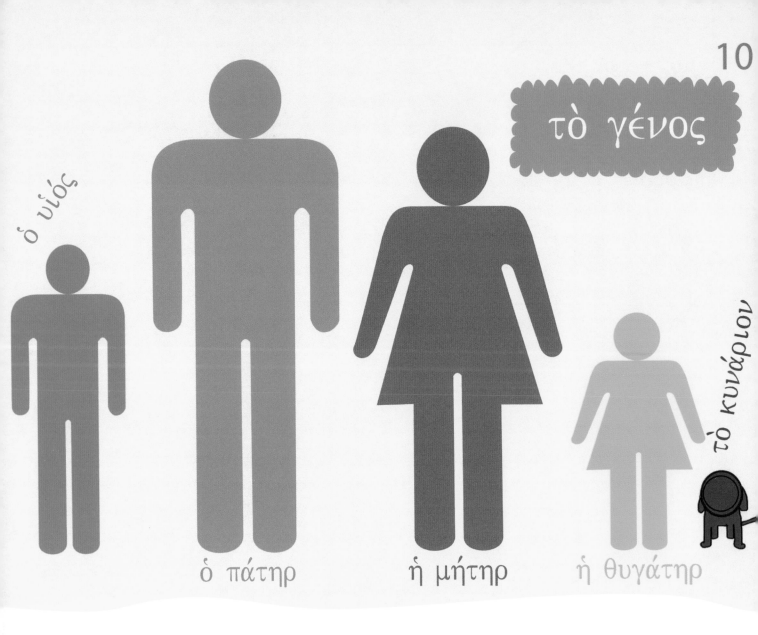

ὁ υἱός

τὸ γένος

τὸ κυνάριον

ὁ πάτηρ   ἡ μήτηρ   ἡ θυγάτηρ

μετάγραψον τὰ ῥήματα.

ὁ Ἀαρών ἐστιν ὁ πατήρ.

ἡ Ἀναστασία ἐστιν ἡ μητήρ.

_____

_____

ὁ Ἰωάννης ἐστὶν ὁ υἱός.

ἡ Λύδια ἐστὶν ἡ θυγάτηρ.

_____

_____

τὸ γένος - *The family* | ὁ υἱός - *The son* | ὁ πάτηρ - *The father* | ἡ μήτηρ - *The mother* | ἡ θυγάτηρ - *The daughter*

οἰκος - *House* | οὐρανός - *Sky* | δένδρον - *Tree* | ἔρρωσο - *Goodbye! (sg.)* | ἄμαξα - *Car* | ὁδός - *Road* | χόρτος - *Grass*

ἄμαξα, ἡ - *Car, wagon*
γένος, τό - *Family*
δένδρον, τό - *Tree*
ἐννέα - *Nine*
ἑπτά - *Seven*
ἔρρωσο (ῥώννυμαι) - *Goodbye! (sg.)*
ἕξ - *Six*
ζῆτα - *Zaytah*
ἡ (ὁ) - *The*
ἦτα - *Aytah*
θῆτα - *Thaytah*
θυγάτηρ, ἡ - *Daughter*
ἰῶτα - *Yohtah*

κάππα - *Kahppah*
μήτηρ, ἡ - *Mother*
ὁ - *The*
ὁδός, ἡ - *Road*
οἶκος, ὁ - *House*
ὀκτῶ - *Eight*
οὐρανός, ὁ - *Sky, heaven*
παιγνία, ἡ - *Game*
πάτηρ, ὁ - *Father*
πέντε - *Five*
υἱός, ὁ - *Son*
χόρτος, ὁ - *Grass*

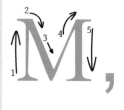

Γράμματα

γράψον τὰ γράμματα ἐπὶ τὴν γραμμήν.

λάμβδα

Greek: Λ, λ (λάμ-βδα)
English: L, l (lahm-thah)
Pronunciation: l

Λ
λ
Λ, λ

μῦ

Greek: M, μ (μῦ)
English: M, m (Meew)
Pronunciation: m

M
μ
M, μ

νῦ

Greek: N, ν (νῦ)
English: N, n (Neew)
Pronunciation: n

N
ν
N, ν

ἀριθμητικός

προστέθητι τοὺς ἀριθμούς.

0 10

οὐδέν   δέκα

ou-thehn   theh-kah

$$0 + 10 = \underline{\hspace{4cm}}$$

$$10 + 0 = \underline{\hspace{4cm}}$$

οὐδέν   καὶ   δέκα   ἐστι   \underline{\hspace{3cm}}

δέκα   καὶ   οὐδέν   ἐστι   \underline{\hspace{3cm}}

ἀριθμητικός - *Arithmetic* | προστέθητι - *Add!* | οὐδέν - *Zero* | δέκα - *Ten*

εἰμί

ἀνάστη τὰ ῥήματα.

Χαῖρε, Ἄννά εἰμι.

χαῖρε, Ἄννά εἰμι.

Χαῖρε, Ἀναστασία εἰμί.

Χαῖρε, Ἀαρών εἰμι.

Hello, I am Lydia.
Hello, I am Aaron.
Hello, I am Hannah.
Hello, I am John.
Hello, I am Stacy.

Χαῖρε, Λυδία εἰμί.

Χαῖρε, Ἰωάννης εἰμι.

εἰμί - I am

μου

λέξον καὶ μεθερμήνευσον τὰ ῥήματα.

πατήρ μου.

_____

οἶκός μου.

_____

μήτηρ μου.

_____

ἄμαξά μου.

_____

ἀδελφός μου.

_____

γένος μου.

_____

ἀδελφή μου.

_____

θυγάτηρ μου.

_____

κυνάριόν μου.

_____

σχήματα

άναζωγράφησον τὰ σχήματα.

κύκλος

τετράγωνον

σταυρός

τρίγωνον

ἀδελφή, ἡ (ἀδεφλός) - Sister
ἀδελφός, ὁ - Brother
Ἄννα, ἡ - Hanna, Anna
ἀπό - From
ἀριθμητικός, ὁ - Arithmetic, math
δέκα, τό - Ten
εἰμί - I am
ἐν - In
εὗρε - Find!
καταλόγου (κατάλογος, ὁ) - List
κύκλος, ὁ - Circle
λάμβδα, τό - Lahm-thah
λέξεις (λέξις, ἡ) - Vocabulary Words
μου (ἐγώ) - My, mine

μῦ, τό - Meew
νῦ, τό - Neew
οὐδέν, τό (οὐδείς) - Zero
παιγνίῳ (παίγνιον, τό) - Game
προστέθητι (προστίθημι) - Add!
ῥήματα (ῥῆμα, τό) - Sentences
σταυρός, ὁ - Cross
σχήματα, τά (σχῆμα, τό) - Shapes
τάς (ὁ) - The
τετράγωνον, τό - Square
τοῦ (ὁ) - The
τρίγωνον, τό - Triangle
τῷ (ὁ) - The

εὗρε τὰς λέξεις ἀπὸ τοῦ καταλόγου ἐν τῷ παιγνίῳ.*

α	ρ	ι	θ	μ	η	τ	ι	κ	ο	ς	α	α	κ	χ	τ	ψ	ρ
ν	κ	δ	ε	κ	α	β	γ	δ	ε	ζ	τ	π	α	λ	α	γ	η
ν	υ	η	ι	θ	λ	α	μ	β	δ	α	ρ	ο	τ	ε	ς	π	μ
α	κ	ι	μ	υ	κ	λ	ο	μ	ν	ξ	ι	α	α	ξ	ω	α	α
ο	λ	π	ι	ρ	σ	ο	υ	δ	ε	ν	γ	ε	λ	ε	τ	ι	τ
τ	ο	σ	χ	η	μ	α	τ	α	υ	φ	ω	υ	ο	ι	ο	γ	α
χ	ς	τ	α	υ	ρ	ο	ς	ψ	ω	α	ν	ρ	γ	ς	υ	ν	β
π	ρ	ο	σ	τ	ε	θ	η	τ	ι	β	ο	ε	ο	τ	φ	ι	δ
γ	δ	τ	ε	τ	ρ	α	γ	ω	ν	ο	ν	β	υ	ω	ζ	ω	φ

*Translation: "Find the vocabulary words from the list in the game."

Γράμματα

γράψον τὰ γράμματα ἐπὶ τὴν γραμμήν.

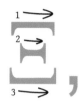 ξεῖ

Greek: Ξ, ξ   (ξεῖ)
English: Ks, ks   (ksee)
Pronunciation: ks

Ξ
_____

ξ
_____

Ξ, ξ
_____

 οὖ

Greek: Ο, ο (οὖ)
English: Ō, ō (ooh OR: oh-mee-krohn)
Pronunciation: oh

Ο
_____

ο
_____

Ο, ο
_____

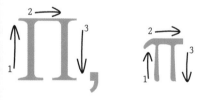 πεῖ

Greek: Π, π   (πεῖ)
English: P, p   (pee)
Pronunciation: p

Π
_____

π
_____

Π, π
_____

μελέτημα

γράψον τὸ λεῖπον γράμματα.

α β γ   ∈ ζ η θ ι κ λ μ ν ξ ο π

α β γ δ ∈ ζ η   ι κ λ μ ν ξ ο π

α β γ δ ∈ ζ η θ ι κ λ   ν ξ ο π

β γ δ ∈ ζ η θ ι κ λ μ ν ξ ο π

α β γ δ   ζ η θ ι κ λ μ ν ξ ο π

α β γ δ ∈ ζ η θ ι κ λ μ ν ξ   π

α   γ δ ∈ ζ η θ ι κ λ μ ν ξ ο π

α β γ δ ∈   η θ ι κ λ μ ν ξ ο π

α β γ δ ∈ ζ η θ ι κ   μ ν ξ ο π

χρώματα

κυκλῆσον τὸ χρῶμα τοῦ καρποῦ.

τὸ κίτρον

πορφύρα ἢ μήλινον;

ἡ σταφυλή

πορφύρα ἢ χλωρόν;

τὸ μῆλον

ἐρυθρὸν ἢ χλωρόν;

χρῶμα (sg.), χρώματα (pl.) - *Color(s)* | κυκλῆσον - *Circle!* | τοῦ καρποῦ - *Of the fruit* | ἢ - *Or* | τὸ κίτρον - *Lemon*
προφύρα - *Purple* | μήλινον - *Yellow* | ἡ σταφυλή - *Grape bunch* | χλωρόν - *Green* | τὸ μῆλον - *Apple* | ἐρυθρόν - *Red*

ἐγώ εἰμι

ἀνάστη τὰ ῥήματα.

ἐγώ εἰμι Ἀαρών.

ἐγώ εἰμι Ἄννα.   ἐγώ εἰμι Λυδία.

I am Lydia.

I am Aaron.

I am Hannah.

I am John.

I am Stacy.

ἐγώ εἰμι Ἰωάννης.   ἐγώ εἰμι Ἀναστασία.

ἐγώ (πάλιν)

λέξον τὰ ῥήματα ἐν φωνῇ μεγάλῃ.

ἐγώ
ἐγώ εἰμι
ἐγώ εἰμι Ἀαρών.

ἐγώ
ἐγώ εἰμι
ἐγώ εἰμι Ἄννα.

ἐγώ
ἐγώ εἰμι
ἐγώ εἰμι Ἰωάννης.

ἐγώ
ἐγώ εἰμι
ἐγώ εἰμι Λυδία.

ἐγώ
ἐγώ εἰμι
ἐγώ εἰμι Ἀναστασία.

πάλιν - *Again* | ἐν φωνῇ μεγάλῃ - *In a loud voice*

ὁ κατάλογος τῶν λέξεων

ἐγώ - I

ἐρυθρόν (-ός, -ά, -όν) - Red

ἢ - Or

καρποῦ (καρπός, ὁ) - Fruit

κίτρον, τό - Lemon

κυκλῆσον (κυκλέω) - Circle!

λεῖπον, τό - (the thing) Missing, absent

μεγάλη (μέγας, μεγάλη, μέγα) - Loud, great

μελέτημα, τό - Practice Excercise

μήλινον, τό - Yellow

μῆλον, τό - Apple

οὖ, τό - Ohmeekrohn | Ooh

πάλιν - Again

πεῖ, τό - Pee

πορφύρα (-εος, -α, -ον) - Purple

σταφυλή, ἡ - Grape bunch

φωνῇ (φωνή, ἡ) - Voice

χλωρόν (-ός, ά, όν) - Green

χρῶμα, τό - Color

χρώματα (χρῶμα, τό) - Colors

ξεῖ, τό - Ksee

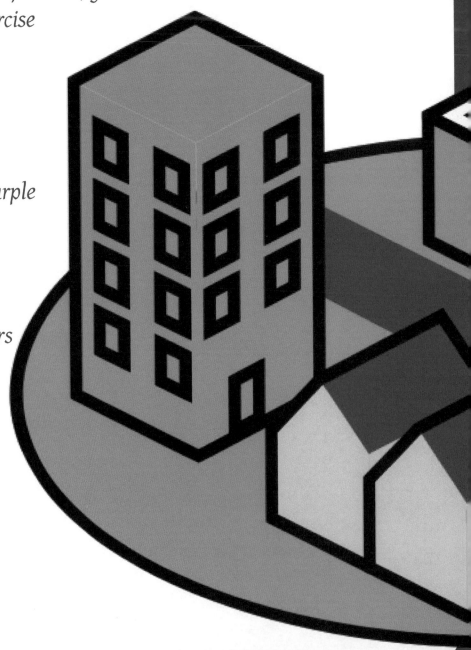

Γράμματα

γράψον τὰ γράμματα ἐπὶ τὴν γραμμήν.

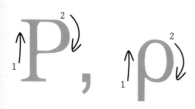 ῥῶ

Greek: Ρ, ρ (ῥῶ)
English: R, r (roh)
Pronunciation: r (trilled: rrr)

Ρ _____

ρ _____

Ρ, ρ _____

 These two forms can be used in the beginning or middle of a word. This form, a "final sigma," is only used at the end of a word. σίγμα

Greek: Σ, σ, ς (σίγ-μα)
English: S, s (seegh-mah)
Pronunciation: s

Σ _____

σ, ς _____

Σ, σ, ς _____

 , ταῦ

Greek: Τ, τ (ταῦ)
English: T, t (tahv)
Pronunciation: t

Τ _____

τ _____

Τ, τ _____

Γράμματα

πρῶτος· σύνδησον τὰ γράμματα.

δεύτερος· ἀναζωγράφησον τὴν εἰκόνα.

θ
Θ
Δ   δ   Ε   η   Ι
γ   ε   Ζ   Η
                    ζ
Γ   ι
β   Κ
ρ Β   α   A   κ
   Σ ς σ τ   N   μ
P   T   Λ
π   ν
Π   o   Ξ   M
        O   ξ   λ

ἰχθύς

τί ὄνομά μοι / σοι;

πρῶτος· γράψον τὸ ὀρθὸν ὄνομα ἐπὶ τὴν γραμμήν.
δεύτερος· μελέτησον τὰ ῥήματα.

Note: In Koine the "to be" (e.g. ἐστίν) verb is often not supplied because it is simply implied. That is the case with the examples on this page.

χαῖρε, _____ ὄνομά μοι.

τί ὄνομά σοι;

χαῖρε, _____ ὄνομά σοι.

τί ὄνομά μοι;

τί - *What?* | ὄνομα - *Name* | μοι - *To me, my* | σοι - *To you, your* | ὀρθόν - *Correct*
μελέτησον - *Practice! (Here the word "saying" is implied.)*

μοι,   πρῶτος· λέξον τὸ ῥήμα ἐν φωνῇ μεγάλῃ.

σοι,   δεύτερος· μετάγραψον τὸ ῥήμα.

ἐστίν τρίτος· μεθερμήνευσον τὸ ῥήμα.

πατήρ μοί ἐστιν.

_____

- -

_____

- -

_____

πατήρ σοί ἐστιν;

- -

_____

_____

- -

_____

πόσα χρήματα;

κυκλῆσον τὸν ὀρθὸν ἀριθμόν.

πίθηκοι

τρεῖς ἢ δύο;

Note: The word τρεῖς is the masculine form of "three" while τρία is the neuter form. In Koine Greek there are three grammatical genders: masculine, feminine, and neuter.

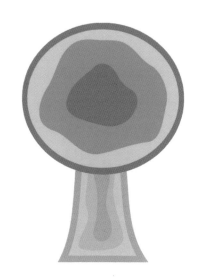

δένδρον

ἓν ἢ πέντε;

σφαῖραι

τρεῖς ἢ δέκα;

πόσα - *How many?* | χρήματα - *Things* | πίθηκοι - *Monkeys* | σφαῖραι - *Balls* | τρεῖς - *Three*

ὁ κατάλογος τῶν λέξεων

δεύτερος (-ος, -α, -ον) - *Second*
ἰχθύς, ὁ - *Fish*
μελέτησον (μελετάω) - *Practice!*
μοι (ἐγώ) - *To me*
ὄνομα, τό - *Name*
ὀρθόν (-ός, -ή, -όν) - *Correct*
πίθηκοι (πίθηκος, ὁ) -*Monkeys*
πόσα (-ος, -η, -ον) - *How many?*
πρῶτος (-ος, -η, -ον) - *First*
ῥῶ, τό - *Roh*
σίγμα, τό - *Seegmah*
σοι (σύ) - *To you*
σύνδησον (συνδέω) - *Connect!*
σφαῖραι (σφαῖρα, ἡ) - *Balls*
ταῦ, τό - *Tahv*
τί (τίς, τί) - *What?, Who?*
τρεῖς (τρεῖς, τρία) -*Three*
χρήματα (χρῆμα, τό) - *Things*

Ἀαρών, ὁ - Aaron

ἀλληλοίς (ἀλλήλων) - Each other

ἄλφα, τό - Alpha

ἄμαξα, ἡ - Car, wagon

ἀναζωγράφησον (ἀναζωγραφέω) - Color!

Ἀναστασία, ἡ - Anastasia (Stacy)

ἀνάστη (ἀνίστημι) - Match!

Ἄννα, ἡ - Hanna, Anna

ἀπό - From

ἀριθημτικός, ὁ - Arithmetic, math

ἀριθμούς (ὁ ἀριθμός) - Number

βῆτα, τό - Beta (Veta)

γάμμα, τό - Gamma

γένος, τό - Family

γράμματα (γράμμα, τό) - Letter

γραμμήν (γραμμή, ἡ) - Line

γράψον (γράφω) - Write!

δέκα, τό - Ten

δέλτα, τό - Delta (Thelta)

δένδρον, τό - Tree

δεύτερος (-ος, -α, -ον) - Second

δύο - Two

ἐγώ - I

εἶ, τό - Epsilon

εἰκόνα (εἰκών, ἡ) - Picture

εἰμί - I am

ἐν - In

ἔν (εἷς, μία) - One

ἐννέα - Nine

ἐπί - On, upon

ἑπτά - Seven

ἔρρωσο (ῥώννυμαι) - Goodbye! (sg.)

ἐρυθρόν (-ός, -ά, -όν) - Red

ἔστιν (εἰμί) - Is (he, she, it)

εὗρε (εὑρίσκω) - Find!

ἕξ - Six

ἐξέτασις, ἡ - Review

ζῆτα - Zaytah

ἤ - Or

ἡ (ὁ) - The

ἦτα - Aytah

θῆτα - Thaytah

θυγάτηρ, ἡ - Daughter

ἰχθύς, ὁ - Fish

ἴχνοι (ἴχνος, ὁ) - Steps

Ἰωάννης, ὁ - John

ἰῶτα - Yotah

καί - And

καλόν (καλός, ή, όν) - Good

κάππα - Kahppah

καρποῦ (καρπός, ὁ) - Fruit

κατάλογος, ὁ - List, catalogue

καταλόγου (κατάλογος, ὁ) - List

κίτρον, τό - Lemon

κυκλῆσον (κυκλέω) - Circle!

κύκλος, ὁ - Circle

κυνάριον, τό - Puppy, little dog

λάμβδα, τό - Lahm-thah

λεῖπον, τό - (the thing) Missing, absent

λέξεις (λέξις, ἡ) - Vocabulary Words

λέξεων (λέξις, ἡ) - Vocabulary Words

λέξον (λέγω) - Say!
Λυδία, ἡ - Lydia
μεγάλη (μέγας, μεγάλη, μέγα) - Loud, great
μεθερμήνευσον (μεθερμηνεύω) - Translate!
μελέτημα, τό - Practice excercise
μελέτησον (μελετάω) - Practice!
μετάγραψον (ἀπογράφω) - Copy, Rewrite!
μήλινον, τό - Yellow
μῆλον, τό - Apple
μήτηρ, ἡ - Mother
μοι (ἐγώ) - To me
μου (ἐγώ) - My, mine
μῦ, τό - Meew
νῦ, τό - Neew
νῦν - Now
ὁ - The
ὁδός, ἡ - Road
οἱ (ὁ) - The
οἶκος, ὁ - House
ὀκτῶ - Eight
ὄνομα, τό - Name
ὀνόματα (ὄνομα, τό) - Name
ὀρθόν (-ός, -ή, -όν) - Correct
οὖ, τό - Ohmeekrohn / Ooh
οὐδέν, τὸ (οὐδείς) - Zero
οὐρανός, ὁ - Sky, heaven
παιγνίον, τό - Game
παιγνίῳ (παιγνίον, τό) - Game
πάλιν - Again
πάτηρ, ὁ - Father

πεῖ, τό - Pee
πέντε - Five
πίθηκοι (πίθηκος, ὁ) - Monkeys
πορφύρα (-εος, -α, -ον) - Purple
πόσα (-ος, -η, -ον) - How many?
προστεθήτι (προστίθημι) - Add!
πρῶτοι (πρῶτος) - First
πρῶτος (-ος, -η, -ον) - First
ῥῆμα, τό - Sentence, word
ῥήματα (ῥῆμα, τό) - Sentences, words
ῥῶ, τό - Roh
σίγμα, τό - Seegmah
σοι (σύ) - To you
σταυρός, ὁ - Cross
σταφυλή, ἡ - Grape bunch
στοιχεῖα (στοιχεῖον, τό) - Sound
σύνδησον (συνδέω) - Connect!
σφαῖραι (σφαῖρα, ἡ) - Balls
σχήματα, τά (σχῆμα, τό) - Shapes
τά (ὁ) - The
τάς (ὁ) - The
ταῦ, τό - Tahv
τέσσαρα (τέσσαρες) - Four
τετράγωνον, τό - Square
τήν (ὁ) - The
τίνα (τίς) - What?
τό (ὁ) - The
τοῦ (ὁ) - The
τούς (ὁ) - The

τρεῖς (τρεῖς, τρία) -Three (masc.)
τρία (τρεῖς) - Three
τρίγωνον, τό - Triangle
τῷ (ὁ) - The
τῶν (ὁ) - The
υἱός, ὁ - Son
φωνῇ (φωνή, ἡ) - Voice
χαῖρε (χαίρω) - Hello, hi
χλωρόν (-ός, ά, όν) - Green
χόρτος, ὁ - Grass
χρήματα (χρῆμα, τό) - Things
χρῶμα, τό - Color
χρώματα (χρῶμα, τό) - Colors
ξεῖ, τό - Ksee

Γράμματα

γράψον τὰ γράμματα ἐπὶ τὴν γραμμήν.

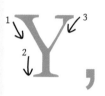   ῠ̓

Greek: Υ, υ   (ῠ̓)
English: Y, y   (eew) (eew-psee-lohn)
Pronunciation: y (in diphthongs "v")

Υ _____

υ _____

Υ, υ _____

 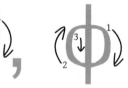   φεῖ

Greek: Φ, φ   (φεῖ)
English: Ph, ph (or: F, f) (fee)
Pronunciation: ph (or: f)

Φ _____

φ _____

Φ, φ _____

Υ, υ, Φ, φ

Υ, υ _____

Φ, φ _____

Υ, υ, Φ, φ _____

εὗρε τὰς λέξεις

εὗρε τὰς λέξεις ἐν τῷ παιγνίῳ.

αδελφη	αδελφος	αμαξα	γενος	δενδρον
ειμι	κυναριον	μητηρ	οδος	οικος
	ουρανος	πατηρ	χαιρε	

α	β	γ	χ	α	ι	ρ	ε	δ	ο
μ	μ	ο	α	δ	ε	λ	φ	η	δ
α	η	ι	ε	ζ	η	θ	ο	ι	ο
ξ	τ	κ	κ	λ	μ	ν	υ	ξ	ς
α	η	ο	δ	ε	ν	δ	ρ	ο	ν
ο	ρ	ς	π	ρ	σ	τ	α	υ	γ
κ	υ	ν	α	ρ	ι	ο	ν	φ	ε
π	α	τ	η	ρ	χ	ψ	ο	ω	ν
α	α	δ	ε	λ	φ	ο	ς	β	ο
ε	ι	μ	ι	γ	δ	ε	ζ	η	ς

ἀντωνυμίαι

μετάγραψον τὰς
ἀντωνυμίας.

μετάγραψον
καὶ λέξον τὰς
ἀντωνυμίας.

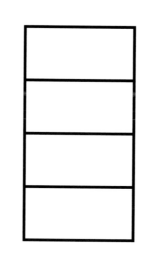

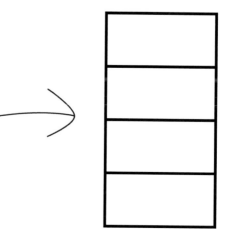

μεθερμήνευσον τὰς
ἀντωνυμίας.

ῥήματα

λέξον τὰ ῥήματα ἐν φωνῇ μεγάλῃ.

Ἰησοῦς ἐστιν.

κύριός ἐστιν.

Ἰησοῦς ἐστι κύριος.

Ἰησοῦς - *Jesus* | κύριος - *Lord*

μεθερμήνευσον

πρῶτος· μετάγραψον τὰ ῥήματα.
δεύτερος· μεθερμήνευσον τὰ ῥήματα.

κύριε, σῶσόν με. (μτ. 14.30)

_____

- -

_____

Ἰησοῦ, ἐλέησόν με. (μκ. 10.47)

_____

- -

_____

ὁ πατήρ με ἀπέσταλκεν. (Ἰωαν. 5.36)

_____

- -

_____

ὁ κατάλογος τῶν λέξεων

ἀντωνυμίαι (ἀντωνυμία, ἡ) - *Pronouns*
ἀντωνυμίας (ἀντωνυμία, ἡ) - *Pronouns*
ἀπέσταλκεν (ἀποστέλλω) - *He has sent*
ἐλέησον (ἐλεέω) - *Have mercy!*
Ἰησοῦς, ὁ - *Jesus*
Ἰωαν. - *Jn. (John)*
κύριε (κύριος, ὁ) - *Lord!*
κύριος, ὁ - *Lord*
με - *Me*
μκ. - *Mk. (Mark)*
μτ. - *Mt. (Matthew)*
σῶσον (σῴζω) - *Save!*
ῦ - *Eewpseelohn*
φεῖ - *Phee (or: Fee)*

Γράμματα

γράψον τὰ γράμματα ἐπὶ τὴν γραμμήν.

  χεῖ

Greek: X, χ   (χεῖ)
English: Kh, kh   (khee)
Pronunciation: kh

Χ _____

χ _____

Χ, χ _____

  ψεῖ

Greek: Ψ, ψ   (ψεῖ)
English: Ps, ps (psee)
Pronunciation: ps

Ψ _____

ψ _____

Ψ, ψ _____

  ὦ

Greek: Ω, ω (ὦ)
English: Oh, oh (or: oh-meh-ghah)
Pronunciation: oh

Ω _____

ω _____

Ω, ω _____

Γράμματα

πρῶτος· σύνδησον τὰ γράμματα.

δεύτερος· ἀναζωγράφησον τὴν εἰκόνα.

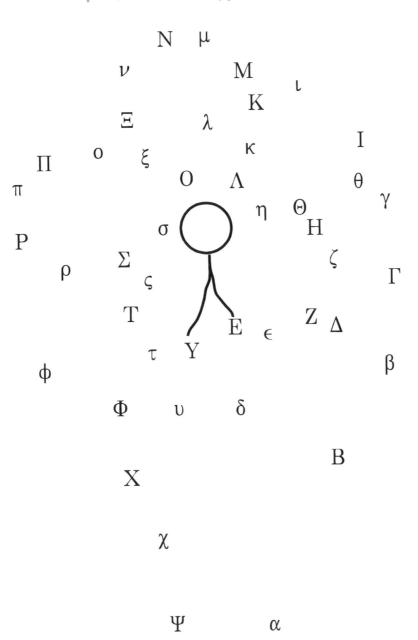

ἀντωνυμίαι

λέξον τὰ ῥήματα ἐν φωνῇ μεγάλῃ.

ἐγώ	εἰμι	I am
μου	ἐστιν	is mine (of me)
μοι	ἐστιν	is to me

με	φιλεῖ	he loves me

πρῶτος· λέξον τὰ ῥήματα ἐν φωνῇ μεγάλῃ.
δεύτερος· μεθερμήνευσον τὰ ῥήματα.

ἐγώ εἰμι ὁ πατήρ. _____

ὁ πατήρ μού ἐστιν. _____

ὁ πατήρ μοί ἐστιν. _____

ὁ πατήρ φιλεῖ με. _____

φιλεῖ - He loves me

ἀντωνυμίαι

πρῶτος· λέξον τὰς ἀντωνυμίας ἐν φωνῇ μεγάλῃ.
δεύτερος· μεθερμήνευσον τὰς ἀντωνυμίας.

ἐγώ   σύ

_____   _____

μου   σου

_____   _____

μοι   σοι

_____   _____

με   σέ

_____   _____

ἐγὼ καὶ σύ

πρῶτος· λέξον τὰς ἀντωνυμίας ἐν φωνῇ μεγάλῃ.
δεύτερος· μεθερμήνευσον τὰς ἀντωνυμίας.

ἐγώ   σύ

_____   _____

ἐγώ εἰμι   σὺ εἶ

_____   _____

ἐγώ εἰμι ὁ πατήρ.   σὺ εἶ ἡ μήτηρ.

_____   _____

ἐγώ εἰμι ὁ πατήρ καὶ σὺ εἶ ἡ μήτηρ.

_____

εἶ - You are

ὁ κατάλογος τῶν λέξεων

εἶ (εἰμί) - *You are*
σύ - *You*
σου (σύ) - *Of you*
σοι (σύ) - *To you*
σε (σύ) - *You*
φιλεῖ (φιλέω) - *He loves*
χεῖ, τό - *Khee*
ψεῖ, τό - *Psee*
ὦ, τό - *Oh (or: Ohmehghah)*

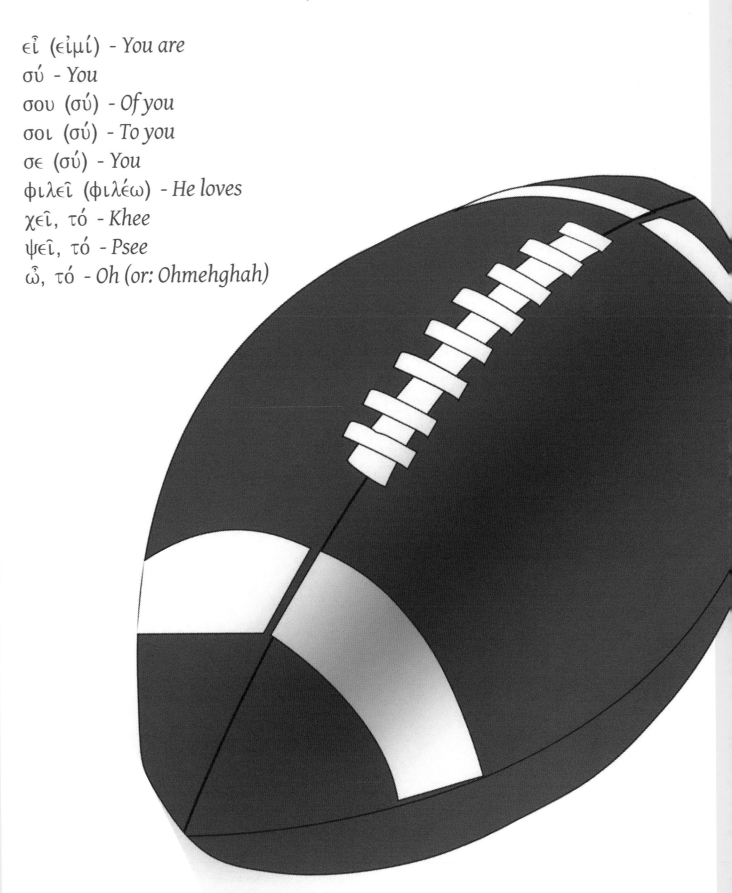

Γράμματα

γράψον τὰ μεγάλα γράμματα ἐπὶ τὴν γραμμήν.

Α Β Γ Δ Ε Ζ Η Θ

Ι Κ Λ Μ Ν Ξ Ο Π

Ρ Σ Τ Υ Φ Χ Ψ Ω

τὰ μεγάλα γράμματα - *The upper case letters*

ἀριθμοὶ καὶ χρήματα

ἀνάστη τοὺς ἀριθμοὺς μετὰ τὰ χρήματα. (ποίησον γραμμήν.)

ἕν
δύο
τρία
τέσσαρα
πέντε

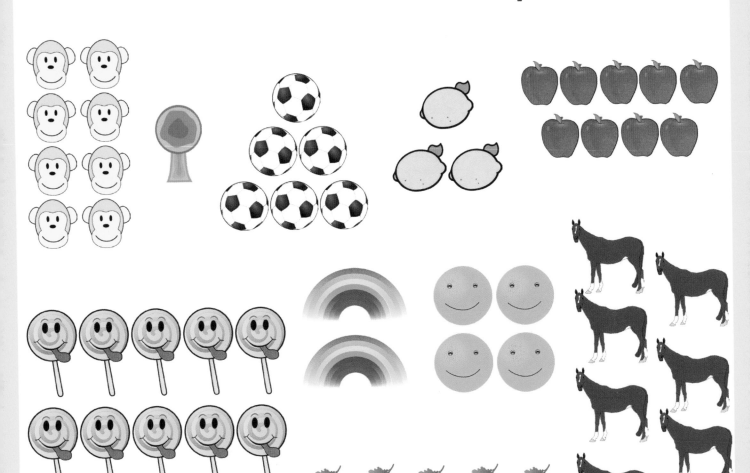

ἕξ
ἑπτά
ὀκτώ
ἐννέα
δέκα

ἐσμέν

μετάγραψον τὴν λέξιν **ἐσμέν** ἐπὶ τὴν γραμμήν.

ἐσμέν, ἐσμέν, ἐσμέν

_____

- -

_____

καὶ νῦν μεθερμήνευσον τὰ ῥήματα.

ἀδελφός εἰμι.   ἀδελφοί ἐσμεν.

_____   _____

ἀδελφὸς εἶ.

_____

ἀδελφός ἐστιν.

_____

μεθερμήνευσον τὰ ῥήματα.

πέντε ἀδελφοί ἐσμεν.

ἕξ ἵπποι ἐσμέν.

_____

_____

ἑπτὰ ἵπποι ἐσμέν.

ὀκτὼ ἀδελφοί ἐσμεν.

_____

_____

ἵπποι - Horses

οὐκ

μετάγραψον τὴν λέξιν **ἐσμέν** ἐπὶ τὴν γράμμην.

οὐκ εἰμί, οὐκ ἐσμέν

καὶ νῦν μεθερμήνευσον τὰ ῥήματα.

οὐκ εἰμὶ ἀδελφός.

οὐκ ἐσμὲν ἀδελφοί.

_____

_____

οὐκ εἶ ἀδελφός.

_____

οὐκ ἔστιν ἀδελφός.

_____

ὁ κατάλογος τῶν λέξεων

ἀδελφοί (ἀδελφός, ὁ) - Brothers
ἐσμέν (εἰμί) - We are
ἵπποι (ἵππος, ὁ) - Horses
μεγάλα γράμματα, τά - Upper case letters
μετά - With, after
οὐκ (οὐ) - No, not
ποίησον (ποιέω) - Make!

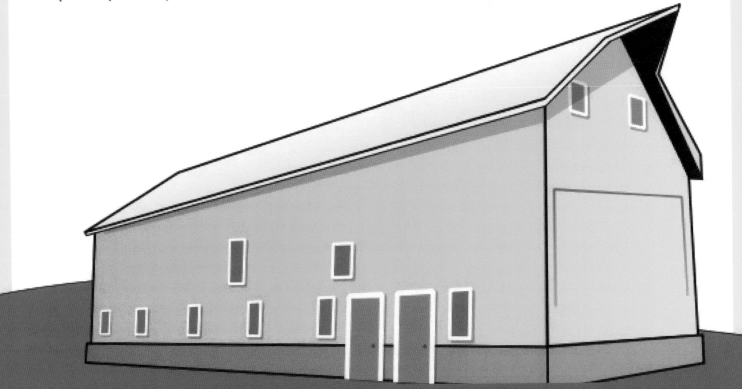

Γράμματα

γράψον τὰ μικρὰ γράμματα ἐπὶ τὴν γραμμήν.

α β γ δ ε ζ η θ ι

κ λ μ ν ξ ο π ρ σ

ς τ υ φ χ ψ ω

τὰ μικρὰ γράμματα - *The lower case letters*

.

.

53

ἐστέ

μετάγραψον τὴν λέξιν **ἐστέ** ἐπὶ τὴν γράμμην.

ἐστέ,   ἐστέ,   ἐστέ

καὶ νῦν μεθερμήνευσον τὰ ῥήματα.

ἀδελφή εἰμι.

ἀδελφαί ἐσμεν.

ἀδελφὴ εἶ.

ἀδελφαί ἐστε.

ἀδελφή ἐστιν.

ἐστέ - *You are (pl.)* | ἀδελφαί - *Sisters*

πότερον ὀρθός ἐστιν;

γράψον τὴν ὀρθὴν λέξιν ἐπὶ τὴν γράμμην.

ἀδελφή _____.

    εἰμι ἢ ἐσμέν.

ἀδελφὴ _____.

    εἶ ἢ ἐσμέν.

ἀδελφή _____.

    ἐστιν ἢ ἐσμέν.

ἀδελφαί _____.

    εἰμι ἢ ἐσμεν.

ἀδελφαί _____.

    εἰμι ἢ ἐστε

λέξον τὸ παράδειγμα
ἐν φωνῇ μεγάλῃ.

παράδειγμα	
εἰμί	ἐσμέν
εἶ	ἐστέ
ἐστίν	

διάλογος

λέξον τὸν διάλογον ἐν φωνῇ μεγάλῃ.

χαῖρε, ὄνομά μοι ᾽Ααρών.
ὁ πατὴρ τοῦ ᾽Ιωάννου εἰμι.
τί ὄνομά σοί ἐστιν;

χαῖρε, ὄνομά μοι ᾽Αναστασία.
ἡ μήτηρ τῆς Λυδίας εἰμί.
καὶ ἀδελφή εἰμι.

σὺ εἶ ἀδελφή;

ναί, εἰμί.
σὺ εἶ ἀδελφός;

ναί, ἀδελφός εἰμι.

διάλογος, διάλογον - *Conversation, dialogue*

ναὶ ἢ οὐκ;

κυκλῆσον τὴν ὀρθὴν ἀνάλυσιν.

πέντε ἄνθρωποι εἰσίν;   ναὶ ἢ οὐκ;

δύο ἵπποι εἰσίν;   ναὶ ἢ οὐκ;

ἕν δένδρον ἐστίν;   ναὶ ἢ οὐκ;

δέκα ἀδελφοί εἰσιν;   ναὶ ἢ οὐκ;

ὀκτὼ πίθηκοί εἰσιν;   ναὶ ἢ οὐκ;

ὁ κατάλογος τῶν λέξεων

ἀδελφαί (ἀδελφή, ἡ) - *Sisters*

ἀνάλυσιν (ἀνάλυσις, ἡ) - *Answer*

ἄνθρωποι (ἄνθρωπος, ὁ) - *Men*

διάλογον (διάλογος, ὁ) - *Conversation, dialogue*

διάλογος, ὁ - *Conversation, dialogue*

ἐστέ (εἰμί) - *You are (plural)*

μικρὰ γράμματα, τά - *Lower case letters*

ὀρθήν (-ός, -ή, -όν) - *Correct*

παράδειγμα, τό - *Table, paradigm*

πότερον (-ος, -α, -ον) - *Which?*

δίφθογγοι

Note: In Koine, when the letter combination γγ is encountered, the first γ is pronounced with the "n" sound. Thus, γγ = "ng" in terms of pronunciation, which means that the word δίφθογγοι is pronounced as "theef-thong-eew. The same phenomenon occurs with γκ (nk) and γχ (gkh).

γράψον τὰς διφθόγγους ἐπὶ τὴν γραμμήν.

αι   αυ   ει

ευ   οι   ου

ᾳ   ῃ   ῳ

δίφθογγοι, διφθόγγους - *The Diphthongs (Note: A diphthong is a combination of two vowels that make one sound.)*

δίφθογγοι

όρθοέπησον τοὺς διφθόγγους καὶ τὰ στοιχεῖα.

αι = ε

αυ = αβ

ει = ι

ευ = εβ

ηυ = ηβ

οι = υ

ου = ου

ᾳ = α

ῃ = η

ῳ = ω

όρθοέπησον - *Correctly pronounce!*

ἰῶτα ὑπογεγραμμένων

$$\alpha + \iota = \dot{\alpha}$$

$$\eta + \iota = \dot{\eta}$$

Note: If you look closely, you will see that the "Yohtah" shrinks and gets written under the letter. This act of placing or writing the Yohtah beneath the letter is known as subscripting. Thus, it is called Yohtah Subscript.

$$\omega + \iota = \dot{\omega}$$

τί τὸ κεφάλαιόν ἐστιν;

$$\alpha + \iota = \rule{3cm}{0.4pt}$$

$$\eta + \iota = \rule{3cm}{0.4pt}$$

$$\omega + \iota = \rule{3cm}{0.4pt}$$

εἰσίν

μετάγραψον τὴν λέξιν **εἰσιν** ἐπὶ τὴν γράμμην.

εἰσίν, εἰσίν, εἰσίν

καὶ νῦν μεθερμήνευσον τὰ ῥήματα.

ἀδελφή εἰμι.

ἀδελφαί ἐσμεν.

ἀδελφὴ εἶ.

ἀδελφαί ἐστε.

ἀδελφή ἐστιν.

ἀδελφαί εἰσιν.

ὁ λαβύρινθος

εἴσελθε τὸν λαβύρινθον ἐπὶ τὴν λέξιν **εἰμί**. τότε, εὗρε ταύτας τὰς λέξεις:
εἶ, **ἐστίν**, **ἐσμέν**, καὶ **ἐστέ**. ἐσχάτως, ἔξελθε καὶ εὗρε τὴν λέξιν **εἰσίν**.

ὁ λαβύρινθυος, τὸν λαβύρινθον - *The Maze* | εἴσελθε - *Enter into!* | τότε - *Then* |
εὗρε - *Find!* | ταύτας - *These* | ἐσχάτως - *Lastly* | ἔξελθε - *Go out of!*

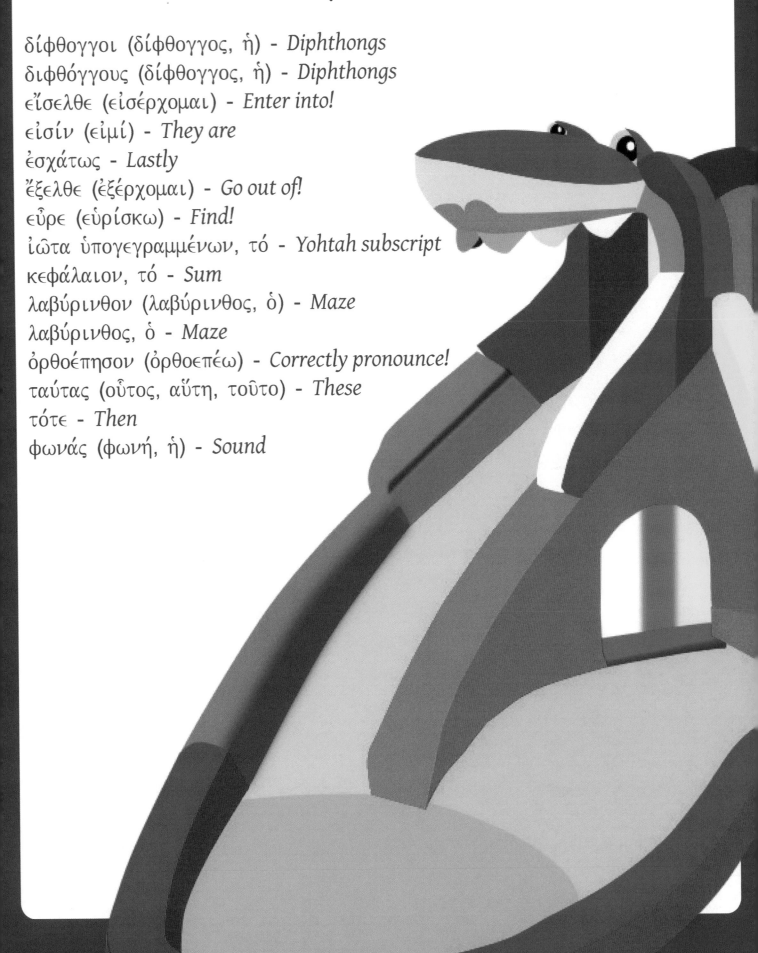

ὁ κατάλογος τῶν λέξεων

δίφθογγοι (δίφθογγος, ἡ) - *Diphthongs*

διφθόγγους (δίφθογγος, ἡ) - *Diphthongs*

εἴσελθε (εἰσέρχομαι) - *Enter into!*

εἰσίν (εἰμί) - *They are*

ἐσχάτως - *Lastly*

ἔξελθε (ἐξέρχομαι) - *Go out of!*

εὗρε (εὑρίσκω) - *Find!*

ἰῶτα ὑπογεγραμμένων, τό - *Yohtah subscript*

κεφάλαιον, τό - *Sum*

λαβύρινθον (λαβύρινθος, ὁ) - *Maze*

λαβύρινθος, ὁ - *Maze*

ὀρθοέπησον (ὀρθοεπέω) - *Correctly pronounce!*

ταύτας (οὗτος, αὕτη, τοῦτο) - *These*

τότε - *Then*

φωνάς (φωνή, ἡ) - *Sound*

ἀδελφαί (ἀδελφή, ἡ) - Sisters
ἀδελφοί (ἀδελφός, ὁ) - Brothers
ἀνάλυσιν (ἀνάλυσις, ἡ) - Answer
ἄνθρωποι (ἄνθρωπος, ὁ) - Men
ἀντωνυμίαι (ἀντωνυμία, ἡ) - Pronouns
ἀντωνυμίας (ἀντωνυμία, ἡ) - Pronouns
ἀπέσταλκεν (ἀποστέλλω) - He has sent
δέκα, τό - Ten
διάλογον (διάλογος, ὁ) - Conversation,
  dialogue
διάλογος, ὁ - Conversation, dialogue
δίφθογγοι (δίφθογγος, ἡ) - Diphthongs
διφθόγγους (δίφθογγος, ἡ) - Diphthongs
εἶ (εἰμί) - You are
εἴσελθε (εἰσέρχομαι) - Enter into!
εἰσίν (εἰμί) - They are
ἐλέησον (ἐλεέω) - Have mercy!
ἐσμέν (εἰμί) - We are
ἐστέ (εἰμί) - You are (plural)
εὗρε (εὑρίσκω) - Find!
ἐσχάτως - Lastly
ἔξελθε (ἐξέρχομαι) - Go out of!
Ἰησοῦς, ὁ - Jesus
ἵπποι (ἵππος, ὁ) - Horses
Ἰωαν. - Jn. (John)
ἰῶτα ὑποτεταγμένων, τό - Yohtah
  subscript
κεφάλαιον, τό - Sum
κύριε (κύριος, ὁ) - Lord!
κύριος, ὁ - Lord
λαβύρινθον (λαβύρινθος, ὁ) - Maze
λαβύρινθος, ὁ - Maze
με - Me
μεγάλα γράμματα, τά - Upper case letters
μετά - With, after

μικρὰ γράμματα, τά - Lower case letters
μκ. - Mk. (Mark)
μτ. - Mt. (Matthew)
ναί - Yes
νῦν - Now
ὀρθήν (-ός, -ή, -όν) - Correct
ὀρθοέπησον (ὀρθοεπέω) - Correctly
  pronounce!
οὐκ (οὐ) - No, not
παράδειγμα, τό - Table, paradigm
ποίησον (ποιέω) - Make!
πότερον (-ος, -α, -ον) - Which?
σε (σύ) - You
σοι (σύ) - To you
σου (σύ) - Of you
στοιχεῖα (στοιχεῖον, τό) - Sounds
σύ - You
σῶσον (σῴζω) - Save!
ταύτας (οὗτος, αὕτη, τοῦτο) - These
τότε - Then
ῦ, τό - Eewpseelohn
φεῖ - Phee (or: Fee)
φιλεῖ (φιλέω) - He loves
χεῖ, τό - Khee
ψεῖ, τό - Psee
ὠ, τό - Oh (or: Ohmehghah)

αἱ λέξεις
ἐν Ἀγγλικῇ

Note: In this list the names of the letters of the alphabet are spelled in the traditional manner simply to make them easier to find. Within the book proper, however, alternative renderings are given to better approximate how the names of the letters sound when pronounced.

Aaron - Ἀαρών, ὁ

Add! - προστεθήτι (προστίθημι)

Again - πάλιν

Alpha - ἄλφα, τό

Anastasia (Stacy) - Ἀναστασία, ἡ

And - καί

Apple - μῆλον, τό

Answer! - ἀνάλυσιν (ἀνάλυσις, ἡ)

Arithmetic, math - ἀριθμητικός, ὁ

Balls - σφαῖραι (σφαῖρα, ἡ)

Beta (Veta) - βῆτα, τό

Brothers - ἀδελφοί (ἀδελφός, ὁ)

Car, wagon - ἅμαξα, ἡ

Chi - χεῖ, τό

Circle - κύκλος, ὁ

Circle! - κύκλησον (κυκλέω)

Color - χρῶμα, τό

Color! - ἀναζωγράφησον (ἀναζω-
    ραφέω)

Colors - χρώματα (χρῶμα, τό)

Connect! - σύνδησον (συνδέω)

Conversation, dialogue - διάλογον
    (διάλογος, ὁ)

Conversation, dialogue - διάλογος, ὁ

Copy, Rewrite! - μετάγραψον
    (μεταγράφω)

Correct - ὀρθόν (-ός, -ή, -όν)

Correctly pronounce! - ὀρθοέπησον
    (δίφθογγος, ἡ)

Cross - σταυρός, ὁ

Daughter - θυγάτηρ, ἡ

Delta (Thelta) - δέλτα, τό

Diphthongs - δίφθογγοι (δίφθογγος,
    ἡ)

Diphthongs - διφθόγγους (δίφθογ-
    γος, ἡ)

Each other - ἀλλήλοις (ἀλλήλων)

Eight - ὀκτῶ

Enter into! - εἴσελθε (εἰσέρχομαι)

Epsilon - εἶ, τό

Eta - ἦτα

Family - γένος, τό

Father - πάτηρ, ὁ

Find! - εὗρε (εὑρίσκω)

First - πρῶτοι (πρῶτος)

First - πρῶτος (-ος, -η, -ον)

Fish - ἰχθύς, ὁ

Five - πέντε

Four - τέσσαρα (τέσσαρες)

From - ἀπό

Fruit - καρποῦ (καρπός, ὁ)

Game - παιγνίον, τό

Game - παιγνίῳ (παιγνίον, τό)

Gamma - γάμμα, τό

Go out of! - ἔξελθε (ἐξέρχομαι)

Good - καλόν (καλός, ή, όν)

Goodbye! (sg.) - ἔρρωσο (ῥώννυμαι)

Grape bunch - σταφυλή, ἡ

Grass - χόρτος, ὁ

Green - χλωρόν (-ός, ά, όν)

Hanna, Anna - (Άννα, ἡ)

Have mercy! - ἐλέησον (ἐλεέω)

He has sent - ἀπέσταλκεν (ἀποστέλλω)

He loves - φιλεῖ (φιλέω)

Hello, hi - χαῖρε (χαίρω)

Horse - ἵππος, ὁ

House - οἶκος, ὁ

How many? - πόσα (-ος, -η, -ον)

I - ἐγώ

I am - εἰμί

In - ἐν

Introduction - εἰσαγογή, ἡ

Iota - ἰῶτα, τό

Iota subscript - ἰῶτα ὑπογεγραμμέν- ων, τό

Is (he, she, it) - ἔστιν (εἰμί)

Jesus - Ἰησοῦς, ὁ

Jn. (John) - Ἰωαν.

John - Ἰωάννης, ὁ

Kappa - κάππα, τό

Lamda - λάμβδα, τό

Lastly - ἐσχάτως

Lemon - κίτρον, τό

Letter - γράμματα (γράμμα, τό)

Line - γραμμήν (γραμμή, ἡ)

List - καταλόγου (κατάλογος, ὁ)

List, catalogue - κατάλογος, ὁ

Lord - κύριος, ὁ

Lord! - κύριε (κύριος, ὁ)

Lower case letters - μικρὰ γράμματα, τά

Loud, great - μεγάλη (μέγας, μεγά- λη, μέγα)

Lydia - Λυδία, ἡ

Make! - ποίησον (ποιέω)

Match! - ἀνάστη (ἀνίστημι)

Maze - λαβύρινθος, ὁ

Me - με

Men - ἄνθρωποι (ἄνθρωπος, ὁ)

Missing, absent (thing) - λεῖπον, τό

Mk. (Mark) - μκ.

Monkeys - πίθηκοι (πίθηκος, ὁ)

Mother - μήτηρ, ἡ

Mt. (Matthew) - μτ.

Mu - μῦ, τό

My, mine - μου (ἐγώ)

Name - ὄνομα, τό

Names - ὀνόματα (ὄνομα, τό)

Nine - ἐννέα

No, not - οὐκ (οὐ)

Now - νῦν

Nu - νῦ, τό

Number - ἀριθμούς (ὁ ἀριθμός)

Of you - σου (σύ)

Oh (or: Ohmehghah) - ὦ, τό

Omicron | Ooh - οὖ, τό

On, upon - ἐπί

One - ἕν (εἷς, μία)

Or - ἢ

Phi - φεῖ

Pi- πεῖ, τό
Picture - εἰκόνα (εἰκών, ἡ)
Practice! - μελέτησον (μελετάω)
Practice excercise - μελέτημα, τό
Pronouns - ἀντωνυμίαι (ἀντωνυμία, ἡ)
Pronouns - ἀντωνυμίας (ἀντωνυμία, ἡ)
Psi - ψεῖ, τό
Puppy, little dog - κυνάριον, τό
Purple - πορφύρα (-εος, -α, -ον)
Red - ἐρυθρόν (-ός, -ά, -όν)
Review - ἐξέτασις, ἡ
Rho - ῥῶ, τό
Road - ὁδός, ἡ
Save! - σῶσον (σῴζω)
Say! - λέξον (λέγω)
Second - δεύτερος (-ος, -α, -ον)
Sentence, word - ῥῆμα, τό
Sentences, words - ῥήματα (ῥῆμα, τό)
Seven - ἑπτά
Shapes - σχήματα, τά (σχῆμα, τό)
Sigma - σίγμα, τό
Sisters - ἀδελφαί (ἀδελφή, ἡ)
Six - ἕξ
Sky, heaven - οὐρανός, ὁ
Solutions (Answers) - λύσεις (λύσις, ἡ)
Son - υἱός, ὁ
Sound - στοιχεῖα (στοιχεῖον, τό)
Square - τετράγωνον, τό
Steps - ἴχνοι (ἴχνος, ὁ)
Sum - κεφάλαιον, τό
Table, paradigm - παράδειγμα, τό

Table of Contents - πίναξ, ὁ
Tav - ταῦ, τό
Ten - δέκα
The - ἡ (ὁ)
The - ὁ
The - οἱ (ὁ)
The - τά (ὁ)
The - τάς (ὁ)
The - τό (ὁ)
The - τοῦ (ὁ)
The - τούς (ὁ)
The - τῷ (ὁ)
The - τῶν (ὁ)
The - τήν (ὁ)
Then - τότε
These - ταύτας (οὗτος, αὕτη, τοῦτο)
Theta - θῆτα, τό
They are - εἰσίν (εἰμί)
Things - χρήματα (χρῆμα, τό)
Three - τρία (τρεῖς, τρία)
Three - τρεῖς (τρεῖς, τρία)
To me - μοι (ἐγώ)
To you - σοι (σύ)
Translate! - μεθερμήνευσον (μεθερμηνεύω)
Tree - δένδρον, τό
Triangle - τρίγωνον, τό
Two - δύο
Upper case letters - μεγάλα γράμματα, τά
Upsilon - ὖ, τό

ὁ κατάλογος τῶν λέξεων (1-10)

Vocabulary Words - λέξεις (λέξις, ἡ)
Vocabulary Words - λέξεων (λέξις, ἡ)
Voice - φωνῇ (φωνή, ἡ)
We are - ἐσμέν (εἰμί)
What? - τίνα (τίς)
Which? - πότερον (-ος, -α, -ον)
With, after - μετά
Write! - γράψον (γράφω)
Xi - ξεῖ, τό
Yellow - μήλινον, τό
Yes - ναί
You - σε (σύ)
You - σύ
You are - εἶ (εἰμί)
You are (plural) - ἐστέ (εἰμί)
Zero - οὐδέν, τὸ (οὐδείς)
Zeta - ζῆτα, τό

Pg. 4: ehn, theew-oh, tree-ah, tehs-sah-rah

Pg. 9 (from left to right): pehn-day, ehks, ehp-tah, oak-tow, ehn-nay-ah

Pg. 14: 10, 10, δέκα, δέκα

Pg. 15 (from top to bottom): Hello, I am Stacy.; Hello, I am Aaron.; Hello, I am Lydia.; Hello, I am John.

Pg. 16 (left column first, right column second): My father; My mother; My brother; My sister; My house; My car; My family; My daughter; My dog.

Pg. 20: δ, θ, μ, α, ε, ο, β, ζ, λ

Pg. 21: μήλινον, προφύρα, ἐρυθρὸν

Pg. 22 (from top to bottom & left to right): I am Aaron.; I am Hannah.; I am Lydia.; I am John.; I am Stacy.

Pg. 27: In both blanks the speaker should insert their name.

Pg. 28: He is my father. (Or: He is a father to me.); You are my father. (Or: You are a father to me.)

Pg. 29: δύο, ἕν, τρεῖς

Pg. 36: I, Mine (Or: Of me); To me; Me

Pg. 38: Lord, save/help me.; Jesus, have mercy on me.; The father sent me.

Pg. 42: I am the father.; He is my father. (Or: he is the father of me.); He is my father. (Or: He is a father to me.; The father loves me.

Pg. 43 (left column first, right column second): I, My (Or: Of me), My (Or: To me), Me; You, Your (Or: Of you), Your (Or: To you), You.

Pg. 44 (top to bottom & left to right): I, you; I am, You are; I am the father., You are the mother.; I am the father and you are the mother.

Pg. 47 (top row first, bottom row second): Tree (ἕν), Rainbows (δύο), Lemons (τρία), Smiley (τέσσαρα) Faces, Grape Bunches (πέντε); Soccer balls (ἕξ), Horses (ἑπτά), Monkeys (ὀκτώ), Apples (ἐννέα), Suckers (δέκα)

Pg. 48 (left column first, right column second): I am a brother.; You are a brother.; He is a brother.; We are brothers.

Pg. 49 (top to bottom): We are five brothers.; We are six horses.; We are seven horses.; We are eight brothers.

Pg. 50 (left column first, right column second): I am not a brother.; You are not a brother.; He is not a brother.; We are not brothers.

Pg. 53 (left column first, right column second): I am a sister.; You are a sister.; She is a sister.; We are sisters.; You are sisters. (plural)

Pg. 54: εἰμι, εἶ, ἐστιν, ἐσμεν, ἐστε

Pg. 56: οὐκ, ναί, ναί, οὐκ, οὐκ

Pg. 60: ᾳ, ῃ, ῳ

Pg. 61 (left column first, right column second): I am a sister.; You are a sister.; She is a sister.; We are sisters.; You are sisters. (plural); They are sisters.

Made in the USA
Lexington, KY
11 August 2015